BEI GRIN MACHT SICH IHR WISSEN BEZAHLT

AF144565

- Wir veröffentlichen Ihre Hausarbeit,
  Bachelor- und Masterarbeit

- Ihr eigenes eBook und Buch -
  weltweit in allen wichtigen Shops

- Verdienen Sie an jedem Verkauf

Jetzt bei www.GRIN.com hochladen
und kostenlos publizieren

Anton Schatz

Johannes Gutenberg und seine Innovationen für den Buchdruck

GRIN Verlag

Bibliografische Information der Deutschen Nationalbibliothek:

Die Deutsche Bibliothek verzeichnet diese Publikation in der Deutschen National-
bibliografie; detaillierte bibliografische Daten sind im Internet über http://dnb.d-
nb.de/ abrufbar.

Impressum:

Copyright © 2009 GRIN Verlag, Open Publishing GmbH
Druck und Bindung: Books on Demand GmbH, Norderstedt Germany
ISBN: 978-3-656-27932-7

Dieses Buch bei GRIN:

http://www.grin.com/de/e-book/200973/johannes-gutenberg-und-seine-innovatio-
nen-fuer-den-buchdruck

GRIN - Your knowledge has value

Der GRIN Verlag publiziert seit 1998 wissenschaftliche Arbeiten von Studenten, Hochschullehrern und anderen Akademikern als eBook und gedrucktes Buch. Die Verlagswebsite www.grin.com ist die ideale Plattform zur Veröffentlichung von Hausarbeiten, Abschlussarbeiten, wissenschaftlichen Aufsätzen, Dissertationen und Fachbüchern.

Besuchen Sie uns im Internet:

http://www.grin.com/

http://www.facebook.com/grincom

http://www.twitter.com/grin_com

Anton Schatz

Referat

Johannes Gutenberg und seine Inno-
vationen für den Buchdruck

Herbsttrimester 2009
Sozial- und Staatswissenschaften 2007

Inhaltsverzeichnis

1. Bedeutung des Buchdruckes

In vielerlei Weise beeinflussten Informationen und deren Weitergabe unser tägliches Leben. Seien es Neuigkeiten, welche durch die Lektüre der Tageszeitung gewonnen werden, Erkenntnisse, die uns durch das Lesen einer Betriebsanleitung zu Teil werden, die Gedankenwelt eines Autors, dessen Werk man studiert oder auch Spruchbänder und Aufdrucke auf ganz alltäglichen Gegenständen. Informationen wie die Medien zu deren Produktion und Verbreitung sind heutzutage allgegenwärtig. Schon vor Gutenberg war die Multiplikation von Informationsträgern durch das Bedrucken von Papier und Pergament gebräuchlich, jedoch leistete er einen wesentlichen Beitrag zu dessen Vereinfachung.

2. Johannes Gutenberg und seinen Innovationen für den Buchdruck

Das nachfolgende Referat befasst sich daher mit Johannes Gutenberg und seinen Innovationen für den Buchdruck, ohne die eine schnelle, effiziente und zugleich kostengünstige Produktion von Büchern ab dem 15. Jahrhundert in Europa nicht möglich gewesen wäre.

2.1. Papierherstellung bis zum 16. Jahrhundert

Die Papierherstellung hat ihre Wurzeln 2. Jh. v. Chr. im chinesischen Kaiserreich. Bekannt als das „dünne Glänzende"[1] oder „das Papier des gnädigen Tsái"[2] ranken sich um dessen Entstehung verschiedene Geschichten. Die Herstellung verlief in mehreren Arbeitsschritten. Als Rohstoff diente besonders Bast. Dieser wurde unter Zugabe anderer Stoffe so lange zerkleinert und gekocht, bis er sich in einzelne Fasern aufgelöst hatte. Mit einem feinmaschigen Sieb wurde ein Teil der gelösten Fasern aufgenommen, sodass nach dem Abtropfen des Wassers eine dünne Zellstoffschicht das Sieb bedeckte. Die Qualität konnte je nach Anforderung variieren. Schließlich wurde die feuchte Papierschicht getrocknet und gepresst.[3]
Die Verbreitung im ostasiatischen Raum ging in den nachfolgenden Jahrhunderten vonstatten. Um 750 n. Chr. wurde die Technik der Papierherstellung von chinesi-

---

[1] Sandermann, Wilhelm: Papier. Eine spannende Kulturgeschichte. Berlin (u.a.) 1992. S. 66.
[2] Sandermann, S. 65.
[3] Vgl.: Sandermann, S. 68.

3

schen Gefangenen an den arabischen Kulturraum weitergegeben. Schon 100 Jahre später entstand in Bagdad eine blühende Papierwirtschaft. Aus dieser Zeit sind auch erste Papierbücher und Wasserzeichen belegt.[4]

Durch die Vertreibung der Araber gelangten auch die bei Valenza bestehenden Papiermühlen in den Einflussbereich des christlich-abendländischen Kulturkreises, sodass erste christliche Quellen auf Papier aus dem 13. Jh. überliefert sind.

Nördlich der Alpen wurde 1390 vom Nürnberger Kaufmann Ulman Stromer die erste Papiermühle errichtet. Das Wissen und die Technik hierfür erlangte er auf einer Geschäftsreise nach Italien. Zwar versuchte er sich durch Vereidigung der Mitarbeiter und Geheimhaltung des Verfahrens eine Monopolstellung zu sichern, jedoch entstanden binnen kürzester Zeit viele Papiermühlen. Ende des 16. Jh. existieren bereits 190 im Heiligen Römischen Reich deutscher Nation.[5] Die Verbesserungen an der Drucktechnik durch Gutenberg waren die Ursache des rasch ansteigenden Bedarfs an bedruckbaren Materialien.

2.2. Druckverfahren vor Gutenberg

Die Verfahrensweise des Abdruckens mittels Stempel auf ein zu bedruckendes Medium ist sehr alt, daher werden im Folgenden nur diejenigen Verfahren vorgestellt, die zur Zeit Gutenbergs in Mitteleuropa von Bedeutung waren.

2.2.1. Holzschnitt

Dieses Hochdruckverfahren war bereits den Babyloniern und Ägyptern bekannt. Als Werkstoff eigenen sich aufgrund besserer Eigenschaften in Bearbeitung und Druck besonders harte Hölzer, sodass Kirsche und Nuss hierzu gerne benutzt wurden. Indem nicht zu bedruckende Stellen vom Künstler ausgespart wurden, entsteht das zu druckende Objekt. Es wird generell zwischen Schwarzlinienschnitt und Weißlinienschnitt unterscheiden. Bei Erstgenanntem werden die druckenden Teile das Objekt darstellen, während sie bei Zweitgenanntem die Umgebung oder den Hintergrund darstellen.[6]

---

[4] Vgl.: Sandermann, 85.
[5] Vgl.: Sandermann, 117 – 121.
[6] Vgl.: Krejca, Ales: Die Techniken der graphischen Kunst. Hanau 1991. S. 32 -35.

2.2.2. Kupferstich

Die eigentliche Technik des Kupferstichs wurde im 12. Jh. von Goldschmieden entwickelt. Zur besseren Sichtbarkeit auf Schmuckstücken und sakralen Gegenständen wurden Gravuren durch Einpolieren und Erhitzen eines schwarzen Pulvers behandelt.[7] Aus den Abzügen dieser Technik entstand die Kunst des Kupferstichs. Die Grafik wird auf einer polierten Kupferplatte mittels eines Grabstichels eingeschnitten. Da der metallene Werkstoff im Vergleich zum Holz eine wesentlich filigranere Bearbeitung zulässt, entstehen bereits im 15. Jahrhundert hochwertige Kunstdrucke von bestem Detail.[8] Der Ausdruck der Formenvielfalt konnte beim Einschneiden variiert werden. So nennt sich das Gravieren vom Körper weg Stechen und das Heranziehen des Grabstichels zum Körper hin Radieren.

2.2.3. Blockdruck

Schon im 8. Jh. war das Verfahren des Blockdrucks in China bekannt. In Europa wurde dieses im frühen 14. Jh. erstmals praktiziert. Text und bildliche Darstellungen müssen hierbei zuerst aus einer Holzplatte herausgeschnitten werden um diese dann mit einer pechartigen, zähflüssigen Masse für den späteren Abdruck auf Pergament oder Papier zu präparieren.[9] Aus der jeweiligen Anzahl dieser Blockdruckbögen konnten Bücher gebunden werden. Diese werden als Blockbücher bezeichnet. Bis zu Gutenbergs Innovationen war dies das gängige Druckverfahren in Europa.

2.2.4. Reiberdruck

In dieser Methode wird ein Abdruck wie folgt erstellt. Auf eine angeschwärzte Druckplatte wird ein Bogen Pergament oder Papier gelegt. Der Abdruck entsteht indem der Drucker dieses Blatt auf der Rückseite mit aus Leder gefertigten Säcken, den Reibern, gegen die Druckplatte presst. Die Besonderheit des Reiberdruckverfahrens ist auch gleichzeitig ein großer Nachteil dieser Technik.[10] Aufgrund des Anreibens der

---

[7] Vgl.: Krejca, S. 67.
[8] Vgl.: Krejca, S. 69 – 71.
[9] Vgl.: Koschatzky, Walter: Die Kunst der Graphik. Technik Geschichte Meisterwerke. München 1983.
    S. 56.
[10] Vgl.: Koschatzky, S. 70.

Rückseite ist ein beidseitiger Druck nicht möglich, da selbst getrocknete Drucker-schwärze bei der Bearbeitung der Wechselseite verwischen würde. Diese Tatsache wirkte angesichts der hohen Materialkosten für Papier und Pergament umso schwerer.

2.3. Gutenberg

Johannes Gensfleisch wurde um 1400 als drittes Kind des Mainzer Kaufmanns und Patriziers Friedrich Gensfleisch im Hof zum Gutenberg geboren. Über seine Kindheit und Jugend ist nichts Verbindliches bekannt, so vermutet man beispielsweise, dass er ein Studium in Erfurt begonnen hat. Seine erste namentliche Erwähnung stammt aus dem Jahr 1420, als er nach dem Tod seines Vaters in Erbstreitigkeiten verwickelt war.[11]

Des Weiteren ist ein zehnjähriger Aufenthalt in Straßburg ab 1434 belegt. Hier gründete er eine Finanzierungsgesellschaft, die der Vorfinanzierung eines neuen technischen Verfahrens diente. Als Drucker produzierte er zu dieser Zeit sakrale Artikel wie Wallfahrtsandenken und Heiligenbildchen. Aus dem Straßburger Aufenthalt stammen die grundlegenden Überlegungen zur Verbesserung der Drucktechnik. Diese setzte er nach der Übersiedlung nach Mainz 1448 in einer eigenen Druckwerkstatt im Humbrechtshof um.[12] Mit Einblattdrucken und kleineren Büchern verdiente er sein Auskommen.

1452 erhielt er durch einen Finanzier ein Darlehen zur Erstellung einer gedruckten Bibel. Die Realisierung dieses Großprojektes nahm mehrere Jahre in Anspruch. 1455 kam es zu einem weiteren Rechtsstreit, bei welchem ihm vorgeworfen wurde, die Mittel zum Druck der Bibel für andere Aufträge verwendet zu haben. Da er beim Schiedsspruch unterlag und dadurch seine Druckerei veräußern musste, kehrte er in sein Elternhaus zurück, wo er eine weitere Druckerei gründete.[13] In dieser produzierte er sowohl die 42-zeilige Bibel als auch andere von ihm überlieferte Werke. Sein Einkommen dürfe jedoch nicht allzu hoch gewesen sein, da er 1465 in das Hofgesinde des Adolf II von Nassau quasi als Honorierung für seine Leistungen aufgenom-

---

[11] Vgl.: Füssel, Stephan: Johannes Gutenberg. Reinbeck bei Hamburg 1999. S. 19.
[12] Vgl.: Füssel, S. 42.
[13] Vgl.: Füssel, S. 46.

6

men wurde. Fortan wurden ihm Kleidung, Korn und Wein, sowie eine Steuer und Dienstbefreiung bis zu seinem Lebensende im Jahr 1468 gewährt.[14]

2.4. Verbesserungen und Innovationen

Das Blockdruckverfahren war zu Zeiten Gutenbergs die übliche Art zu drucken. Der Grundgedanke Gutenbergs zur Verbesserung der Drucktechnik war die Zerlegung des Textes in einzelne Elemente, die frei kombinierbar und wiederverwendbar waren. Es mussten also Zeichen, Buchstaben und Buchstabenkombinationen geschaffen werden, die diesen Anforderungen gerecht wurden. Holz schied für diese Aufgabe schnell aus.

In der Kombination aus verschiedenen Metallen fand Gutenberg einen Werkstoff, der diesen neuen Erfordernissen genügte. Zur Herstellung der einzelnen Lettern entwickelte er das Handgießinstrument. In dieses wurde die vorgefertigte Matrize eingespannt und die Gussform hernach mit einer Legierung aus Zinn, Blei, Antimon und Wismut ausgegossen. Nach dem Erkalten konnte die fertige Letter per Handarbeit für eine bessere Passform verfeinert und geschliffen werden.[15]

Als Herstellungsinstrument für die Matrize diente ein Metallstempel, die Patrize. Diese Werkstoffe der unterschiedlichen Bearbeitungsstufen stehen in folgendem Verhältnis zueinander. Die fertigen Lettern müssen, um eine ordentliche Qualität beim Drucken gewährleisten zu können, ausreichend hart, jedoch nicht spröde sein. Zudem muss der Schmelzpunkt der Metalllegierung deutlich unter dem der Matrize liegen. Diese darf ihrerseits jedoch nicht zu hart sein, da sonst das Einschlagen der Patrize nur schwer möglich wäre. Die Patrize soll somit aus dem härtesten Metall bestehen. Dieses muss aber noch vom Handwerker bearbeitbar sein, da sonst die Erstellung des späteren Stempels unmöglich wäre.[16] Gutenberg war der Herausforderung gewachsen, indem er die oben beschriebene Legierung für den Guss der Lettern, Kupfer für das Material der Matrizen und Eisen zur Produktion der Patrizen einsetzte.

Im Vergleich zum Blockdruck weißt der Druck mit beweglichen Metalllettern einige entscheidende Vorteile auf: Die einzelnen Lettern sind frei kombinierbar, nahezu be-

---

[14] Vgl.: Füssel, S. 76.
[15] Vgl: Gieseke, Michael: Der Buchdruck in der Frühen Neuzeit. Eine historische Fallstudie über die Durchsetzung neuer Informations- und Kommunikationstechnologien. Memmingen 1991. S. 79.
[16] Vgl.: Gieseke, S. 82.

liebig oft wiederverwendbar und durch ein schnelles Verfahren erstellbar. Zudem wird in der Gussform eine Sollbruchstelle erzeugt, damit die Höhe möglichst genau standardisiert ist. Da Metall in der Frühen Neuzeit ein sehr kostbarer Rohstoff war, ist die Möglichkeit nicht mehr benötigte oder beschädigte Lettern wieder einzuschmelzen von um so größerer Bedeutung.

Um einen möglichst reibungslosen Betriebsablauf zu erhalten, mussten einerseits genügend Lettern vorhanden sein und andererseits diese systematisiert werden. So geht auch der Setzkasten als Ordnungshilfe für den Textsetzer auf Gutenberg zurück.[17]

Vom Setzer wurde der Text mittels Winkelhaken in Zeilen gesetzt. Diese ergaben straff aneinander gebunden und in einen Rahmen eingespannt die zu druckende Platte.

Gutenberg entwickelte für den Druckvorgang mit beweglichen Metalllettern auch eine neue Zusammensetzung der Druckerschwärze. Es handelt sich dabei um eine dickflüssige Emulsion aus Leinölfirnis und Ruß.[18] Diese hatte den Vorteil, dass sie zähflüssiger war, als die bisher verwendeten Druckerfarben, und zudem schneller trocknete, um in rascher Abfolge beidseitig drucken zu können. Sogar ein Verfahren zum zweifarbigen Druck wurde in der 42-zeiligen Bibel Gutenbergs angewendet.[19] Aufwendige, vielfarbige Kolorierungen wurden nach dem Druckvorgang per Hand hinzugemalt.

Eine weitere wesentliche Veränderung wurde an der Druckerpresse selbst vorgenommen. Zwar bediente man sich schon vor Gutenberg mechanischer Hilfen um den nötigen Druck zu erzeugen, jedoch erst die Weiterentwicklung der aus dem Weinbau stammenden Spindelpresse machte ein möglichst zeitsparendes und zugleich qualitativ hochwertiges Arbeiten möglich. Gutenberg löste das Grundproblem der Spindelpresse, indem er die durch das Niederschrauben des Tiegels über die Spindel hervorgerufene Drehbewegung mithilfe einer beweglichen Aufhängung vermied.[20] Um die Vorbereitung des Druckvorgangs einfacher durchführen zu können, verlängerte er den Drucktisch und passte Laufschienen ein, sodass ein Karren die Druckformen rasch unter den Tiegel schieben konnte.[21]

---

[17] Vgl.: Gieseke, S. 96.
[18] Vgl.: Sandermann, S. 129-130.
[19] Vgl.: Gerhardt, Claus Widmann: Geschichte der Druckverfahren. Teil II: Der Buchdruck. Stuttgart 1975. S. 53.
[20] Vgl.: Gieseke, S. 107.
[21] Vgl.: Gieseke, S. 107 – 109.

2.5. Druck-Erzeugnisse Gutenbergs

Das berühmteste Druck-Erzeugnis Gutenbergs ist die 42-zeilige Bibel in lateinischer Sprache. Sie bestand aus 1282 Seiten, die den Text in zwei Spalten wiedergaben. Alle Seiten waren gedruckt, jedoch wurden die meisten nach dem Bedrucken von Kunstmalern noch mehrfarbig ausgeschmückt. Insgesamt wurden 180 Exemplare erstellt, von denen 140 aus Papier und 40 aus Pergament gefertigt wurden. Hierfür waren Arbeitsschritte in folgenden Dimensionen nötig. Sechs Setzer waren mit der Erstellung des Textes aus beweglichen Lettern beschäftigt, wobei hierfür circa 60000 einzelne Typen benötigt wurden. Mindestens zwölf Drucker arbeiteten an sechs Pressen. Hinzu kamen Hilfskräfte, die die Bogen zurechtschnitten, die Farbe erstellten und ähnliche Nebentätigkeiten verrichteten.[22] Es wird deutlich, dass die Produktion eines derartigen Großprojektes eine straffe innerbetriebliche Koordination und Planung erforderte. Mehrere Exemplare dieses ersten großen Druckwerkes sind bis heute erhalten.

Jedoch hat sich Gutenberg nicht ausschließlich auf den Bibeldruck spezialisiert. Von 1454 bis 1468 hat er eine Vielzahl an kleineren Druckarbeiten produziert. Zumeist handelte es sich dabei um religiös motivierte Aufträge, wie die Ablassbriefe, den Türkenkalender, die Türkenbulle oder auch das Provinciale Romanorum.

Mit dem Aderlass- und Laxierkalender, dem astronomischen Kalender und dem Sybillenbuch erzeugt Gutenberg auch Texte, die sich mit dem weltlichen Alltagsleben im 15. Jh. auseinandersetzen. Unter diesen weltlichen Druck-Erzeugnissen ist insbesondere die „ars minor" hervorzuheben. Dieses aus dem 4. Jh. stammende Standardwerk von Aelius Donatus über die lateinische Grammatik bestand aus insgesamt 28 Seiten und war daher leicht zu setzen wie zu drucken und somit preiswert zu verkaufen. Von Gutenberg wurden ungefähr 350 dieser Gehefte in 24 Auflagen gedruckt.[23]

Unbeabsichtigt des Inhaltes erfreuten sich alle gedruckten Texte großer Beliebtheit, da sie billiger als Handschriften waren und auch besser zu lesen sind. Die gedruckten Texte haben durch ihre Vervielfältigkeit und die Erhöhung der Lesegeschwindigkeit die Vermehrung des Wissens in der Frühen Neuzeit maßgeblich beeinflusst.

---

[22] Vgl.: Füssel, S. 42.
[23] Vgl.: Füssel, S. 61.

3. Nachwirken

Gemeinhin wird Johannes Gutenberg die Erfindung des Buchdruckes zugeschrieben. Dies ist wie oben aufgezeigt nicht richtig. Seine Innovationen und Verbesserungen um den Gegenstand des Druckens haben jedoch diese Technik nahezu revolutioniert. Seit Gutenberg entspricht die Effektivität einer einzigen Druckerei der einer Vielzahl von Handschreibern. Während eine Abschrift per Hand nur eine einzelne, langwierige Kopie des Textes zulässt, so wird dies beim Drucken auf mehrerlei Weise potenziert. Aus einem Schriftmusterblatt werden mehrere Patrizen erstellt, diese werden ihrerseits mehrmals als Stempel in eine Matrize geschlagen. Aus nur einer Matrize lassen sich fast beliebig viele Gusslettern fertigen, die zu Texten zusammengesetzt, die Möglichkeiten zur Informationsvervielfältigung noch weiter vermehren.[24] Dieser Effekt wurde allein durch die Verbesserungen Gutenbergs erreicht. Es wird daher die Dimension seiner Innovationen um so deutlicher, wenn man die gewaltige Wissensexpansion des 16. und 17. Jh. betrachtet. Ohne die Ideen und Arbeiten Gutenbergs wäre diese nur erheblich schwerer vonstattengegangen. An der Technik des Buchdruckes änderte sich bis in 19. Jh. nichts Wesentliches, ja sogar bis zur Digitalisierung im 20. Jh. waren die wesentlichen Prinzipien, wie sie von Gutenberg eingeführt wurden, die Gleichen. Somit gilt Gutenberg, wenn auch nicht als Erfinder des Buchdruckes, doch als dessen bedeutendster Weiterentwickler.

---

[24] Vgl.: Gieseke, S. 84.

10

Literaturverzeichnis

- **Füssel, Stephan**: Johannes Gutenberg. Reinbeck bei Hamburg 1999.

- **Gerhardt, Claus Widmann**: Geschichte der Druckverfahren. Teil II: Der Buchdruck. Stuttgart 1975.

- **Gieseke, Michael**: Der Buchdruck in der Frühen Neuzeit. Eine historische Fallstudie über die Durchsetzung neuer Informations- und Kommunikationstechnologien. Memmingen 1991.

- **Koschatzky, Walter**: Die Kunst der Graphik. Technik Geschichte Meisterwerke. München 1983.

- **Krejca, Ales**: Die Techniken der graphischen Kunst. Hanau 1991.

- **Sandermann, Wilhelm**: Papier. Eine spannende Kulturgeschichte. Berlin (u.a.) 1992.